Jorginho

Geburtstag: 17.8.1964
Größe: 1,75 m
Geburtsort: Rio de Janeiro, Brasilien
Position: Rechtsverteidiger / rechtes Mittelfeld
Vereine: u. a. FC Bayern München
Länderspiele: 64, 3 Tore

Wolfgang Overath

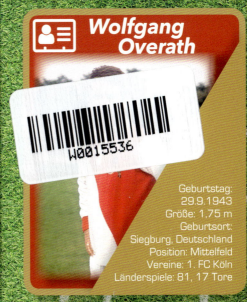

Geburtstag: 29.9.1943
Größe: 1,75 m
Geburtsort: Siegburg, Deutschland
Position: Mittelfeld
Vereine: 1. FC Köln
Länderspiele: 81, 17 Tore

Fritz Walter

Geburtstag: 31.10.1920
Geburtsort: Kaiserslautern, Deutschland
Position: Halbstürmer
Vereine: u. a. 1. FC Kaiserslautern
1. Länderspiel: 1940
Länderspiele: 61, 33 Tore

Jean-Marie Pfaff

Geburtstag: 4.12.1953
Größe: 1,80 m
Geburtsort: Lebbeke, Belgien
Position: Torwart
Vereine: u. a. FC Bayern München
Länderspiele: 64

„Wenn du durch einen Sturm gehst,
halte deinen Kopf oben und fürchte dich nicht vor der Dunkelheit.
Am Ende des Sturms ist ein goldener Himmel [...].
Auch wenn sich alle deine Träume in Luft auflösen,
geh weiter, geh weiter,
mit Hoffnung in deinem Herzen.
Und du wirst niemals alleine gehen."

Auszug aus „You'll never walk alone"

GÜNTHER KLEMPNAUER

We never walk alone

11 Fußball-Legenden
erinnern sich

benno

Günther Klempnauer

Geburtstag: 18. 3. 1936
Größe: 1,83 m
Geburtsort: Marienburg (früher Westpreußen)
Position: Rechtsaußen
Verein: A Jugend Fußballmannschaft von VfL Bad Schwartau
Werdegang: Studium der Sportwissenschaft und Theologie, Oberstudienrat für Theologie und Sport, Offizieller Sportpfarrer (UEFA) bei der Europa-Fußballmeisterschaft in Schweden 1992

We never walk alone

In ihren Fußballkathedralen singen Fußballfans in aller Welt voller Inbrunst und Andacht in tragischen und euphorischen Momenten den Kultsong „You will never walk alone", wenn sich ihre Mannschaft am Rande des Sieges oder der Niederlage bewegt.
Als ich nach dem Konfirmandenunterricht frühabends in Bad Schwartau durch einen dunklen Wald nach Hause ging, überfiel mich eine unerklärliche Angst. Hinter jedem Baum witterte ich Gefahr. Da dachte ich plötzlich an ein Jesus-Wort, das der Pfarrer noch vor einer halben Stunde zitiert hatte: „Siehe, ich bin bei euch alle Tage bis ans Ende der Welt." Für einen Augenblick war die Angst gebannt. Meiner gläubigen Mutter erzählte ich nebenbei dieses Erlebnis. Sie strahlte vor Freude und hoffte, ihr vierzehnjähriger Sohn sei endlich zum Glauben gekommen. Einen Kunstschreiner beauftragte sie, dieses Jesus-Wort auf eine stilgerechte Holzplatte zu malen. Meine Mutter konnte meinen Geburtstag kaum erwarten. Da würde ich ein außergewöhnliches Überraschungsgeschenk bekommen. Ich malte mir den Himmel auf Erden in Form eines echten Leder-Fußballs aus. Als ich schließlich diese kunstvoll bemalte Holzplatte in Händen hielt, war ich bitter enttäuscht, denn dieses flüchtige Walderlebnis hatte ich längst vergessen. Und meiner Mutter liefen die Tränen. Trotzdem wählte ich diesen Konfirmationsspruch: „Siehe, ich bin bei euch alle Tage bis ans Ende der Welt."

Der Song „You'll never walk alone" aus dem Broadway-Musical Carousel von Oscar Greeley Clendenning Hammerstein II und Richard Rodgers aus dem Jahre 1945 wurde weltweit berühmt durch den Liverpooler Fan-Block, den sogenannten Kop. Schon in den 1960er-Jahren wurde in England vor jedem Spiel das Publikum mit volkstümlichen Liedern beschallt. Vor einem Spiel fiel die Soundanlage des Stadions an der Anfield Road aus, während dieses Lied lief. Daraufhin intonierte der Kop das Lied „You'll never walk alone" selbst. Seitdem wird es vor Spielbeginn in Liverpool vom Publikum geschlossen angestimmt, es avancierte quasi zur Vereinshymne. In Deutschland haben besonders die Dortmunder Borussia-Fans das Lied in ihr Herz geschlossen, das immer wieder erklingt, auch bei besonderen Anlässen. Im März 2016 erlitt ein BVB-Fan beim Spiel gegen Mainz 05 einen Herzinfarkt und starb. Als diese Nachricht über die Stadionleinwand lief, war es zunächst sehr still. Und dann sangen 80.000 Menschen „You'll never walk alone". Ein Trost in ihrer Trauer.

Ich durfte in den vergangenen fast 70 Jahren immer wieder die Erfahrung machen, dass Jesus auch mich anspricht, wenn er sagt: „Siehe, ich bin bei euch alle Tage bis ans Ende der Welt." Der wunderbar tröstliche Titel des Liedes „You'll never walk alone" – du gehst niemals allein – erinnert mich an die Worte Jesu. Diese Botschaft gilt auch für viele internationale Größen des Profi-Fußballs, wie Sie im Folgenden lesen können. In kurzen berührenden, aber auch humorvollen Anekdoten erfahren Sie, in welchen Momenten sich Uwe Seeler, Fritz Walter oder Heiko Herrlich Gott besonders nahe gefühlt haben, oder was Berti Vogts oder Wynton Rufer erlebten, als die Welt von ihrem Glauben erfuhr. Ich hatte in meinem Leben die Möglichkeit, die Geschichten dieser Fußballlegenden in persönlichen Gesprächen zu hören. Sie alle haben für sich verinnerlicht: Wir gehen nicht allein – We never walk alone.

Günther Klempnauer

4. Juli 1954: Fritz Walter (M.) und Horst Eckel (r.) werden nach dem 3:2-Sieg über Ungarn im Endspiel der Fußball-Weltmeisterschaft in Bern/Schweiz von Fans frenetisch gefeiert.

Fußball ist nicht alles

Der Mannschaftskapitän Fritz Walter überstrahlte alle anderen Helden von Bern. Überall wo er hinkam, wurde er verehrt wie ein Fußballgott. Wir begegneten uns am Ende seines Lebens auf der Frankfurter Buchmesse und unterhielten uns über Gott. Das „Wunder von Bern" war in weite Ferne gerückt, aber das Wunder der Weihnachtsbotschaft, dass Jesus uns durch Leben und Tod begleiten möchte, kann Menschen immer noch begeistern: „You'll never walk alone." Fritz Walter scheute sich nicht mir zu gestehen: „Der Glaube an Gott ist sehr wichtig für mich." Fußball ist nicht alles, aber ohne Gott ist alles nichts.

Der Mittelpunkt meines Lebens

2000 erhielt der erfolgreiche junge Mittelstürmer Heiko Herrlich die niederschmetternde Diagnose: Tumor im Mittelhirn, nicht operabel. Er stand einige Tage unter Schock. Er und seine Frau freuten sich gerade auf ihr erstes Kind. Herrlich sagte zu ihr: „Ich kann nicht tiefer fallen als in Gottes Hand." Fünf Wochen nach der Diagnose brachte eine Biopsie ans Tageslicht, dass dieser Tumor in seinem Kopf sensibel für Bestrahlung war. Neue Hoffnung! Dennoch war die Strahlentherapie die schlimmste Zeit seines Lebens, aber der Tumor wurde tatsächlich kleiner. Herrlich sagt, er habe vieles gewonnen durch die Krankheit, vor allem die alltägliche Dankbarkeit dafür, wenn die Menschen um ihn herum gesund seien. Alles andere sei ohnehin zweitrangig. „Sehen Sie: Ich war Champions-League-Sieger, Weltpokalsieger, Nationalspieler, Fußballprofi mit einem gut gefüllten Konto. Dann wurde ich krank und wollte nur noch überleben. Gottes Liebe ist der Mittelpunkt meines Lebens. Aller Dank mündet zuletzt ein in den Dank an Gott, der mir solche Menschen an die Seite gestellt hat und mich durch diese Tage getragen hat. Durch Gott habe ich immer wieder neuen Trost und Kraft und inneren Frieden erfahren."

Trainer Heiko Herrlich (r.) mit Spieler Marco Grüttner (M.) und dessen Tochter bei der Aufstiegsfeier des SSV Jahn Regensburg in die 2. Bundesliga im Mai 2017.

1970, Mexiko: Der deutsche Kapitän Uwe Seeler (M.) und der italienische Stürmer Gianni Rivera (r.) tauschen ihr Trikot nach dem „WM-Halbfinal-Krimi", den Italien 4:3 gewann.

Glauben an Gott? Ja, aber …

In Uwe Seelers bewegtem Leben gab es manche Krisen. Allein aufgrund seiner Sportverletzungen verbrachte er mindestens 18 Monate in Kliniken, Sanatorien oder zu Hause. Sein Sportarzt Dr. Fischer zählte 715 Behandlungen. Nach einem Achillessehnenriss, der seine Fußballlaufbahn zu beenden schien, laborierte der an sich selbst zweifelnde Mittelstürmer über ein halbes Jahr. Seeler über solche Krisensituationen: „Da geht man in sich und fragt sich: ‚Na, wird es wieder gelingen oder nicht?' Gerade im Krankenhaus hat man viel Zeit, über gewisse Dinge nachzudenken. Es liegt nicht in meiner Natur, um meine Person oder um meine persönlichen Gefühle ein öffentliches Geschrei zu machen. Ich bin sicherlich auch nicht sehr gläubig, wenn ich an Gott denke. Aber wenn ich mich selbst in diesem Augenblick frage: ‚Bin ich für den Glauben an Gott?' Ja, aber mehr zurückgezogen und mehr im Innerlichen."

Warum Beten wichtig ist

„Ich habe eine positive Einstellung zum Leben. Vor dem Einschlafen mache ich mir bewusst, dass der nächste Tag super laufen wird, auch wenn schwierige Verhandlungen und unlösbare Probleme auf mich warten. Ich bete morgens, auch tagsüber und abends, an guten und an schlechten Tagen. Wenn mich nachts die Sorgen nicht schlafen lassen, überkommt mich beim Beten eine wunderbare Ruhe, aus der ich neue Kraft für den kommenden Tag schöpfe. Ich weiß, da steht einer hinter mir, auf den ich mich verlassen kann. Deshalb kann ich auch ohne Angst den Bundesligastress ertragen."

Trainer Ottmar Hitzfeld 2012 mit dem Schweizer Spieler Eren Derdiyok während des Freundschaftsspiels Schweiz vs. Deutschland in Basel.

Bayern-München-Torschütze Jorginho jubelt 1994 beim 2:0 gegen Schalke. Bayern wurde in diesem Jahr zum 13. Mal Deutscher Meister.

Gott einfach mal kontaktieren

Bibellesen gehört für den praktizierenden Christen zum täglichen Brot, weil ihn diese geistliche Speise innerlich stärkt, inspiriert und motiviert. Deshalb bot er seinen Mitspielern jeden Donnerstag in seiner Wohnung einen Bibelabend mit lockeren Gesprächen über Gott, familiäre und berufliche Fragen und Probleme an. Seine Mitspieler Oliver Pagé, Heiko Herrlich und andere fanden einen persönlichen Zugang zu Gott und der christlichen Botschaft. Jorginho sagte mir dazu: „Wenn ich mit einem Menschen über Gott rede, bete ich im Stillen, Gott möge ihn erleuchten durch seinen heiligen Geist. Sonst spielt sich nichts ab. Ich sag dann einfach: ‚Probier es doch mal aus. Stell den Kontakt zu Gott doch einfach mal her. Wenn du nicht den Lichtschalter betätigst, wird dir nie ein Licht aufgehen'."

Immer auf der Gewinnerseite

„Jesus ist für mich der entscheidende Punkt, auf den es im Leben ankommt. Meine Glaubenserfahrung versichert mir, dass Jesus nicht nur ein guter Mensch gewesen ist, sondern auch Gottes Sohn, mein Erlöser. Verstandesmäßig kann ich das nicht beweisen. Wenn ich es könnte, brauchte ich es nicht mehr zu glauben. Für mich ist er die Wahrheit in Person. Sein Leben möchte ich auf mich wirken lassen, auch wenn ich seine Lebens- und Glaubenshaltung nie erreichen werde. Wie oft passiert es mir, dass ich vor schwierigen Situationen stehe, sei es im Sport, in der Familie oder im Geschäft. Dann kann ich nur Jesus um seine Hilfe bitten. Und wie oft durfte ich erfahren, dass er mir half, Klippen zu umschiffen. Und wenn es mir misslang, habe ich trotzdem nicht an ihm gezweifelt. Mit ihm stehe ich immer auf der Seite des Gewinners."

Der Kölner Mittelfeldspieler Wolfgang Overath im Juni 1974 im Weltmeisterschaftstraining der deutschen Fußballnationalmannschaft in der Sportschule Malente.

Der deutsche Bundestrainer Berti Vogts vor dem Länderspiel 1994 in Wien gegen Österreich.

Der Exot

In einem Interview fragte ich einmal den berühmten Fußballtrainer, ob sein Spielbein das Bundestraineramt und sein Standbein sein Gottvertrauen sei. Berti Vogts fand sich in diesem Bild wieder und kommentierte sein Standbein: „Ich bin ein gläubiger Katholik. Und wenn ich meine, ich sollte zur Kirche gehen, dann tue ich es. Es überrascht mich immer wieder, warum die Leute das so komisch finden. Ebenso merkwürdig war es, als wir während des Fußballweltmeisterschaftsturniers in Italien mit den Spielern zum Gottesdienst gingen und sich die Reporter auf uns stürzten, als seien wir Exoten."

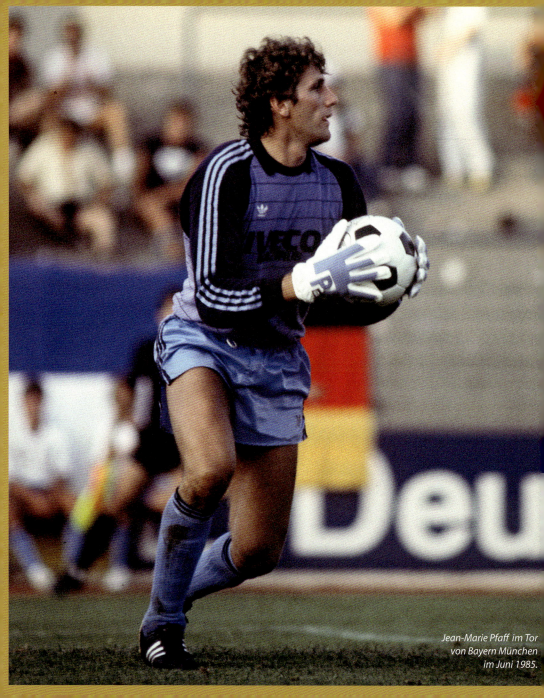

Jean-Marie Pfaff im Tor von Bayern München im Juni 1985.

Die Angst bei Gott ablegen

„Ich spürte den eisigen Wind, der mir ins Gesicht blies", sagte Jean-Marie, nachdem er bei seinem Debüt beim FC Bayern 1982 im Tor gepatzt hatte. „Im Strafraum empfinde ich Einsamkeit. Ein Torwart ist immer allein, denn er ist der entscheidende Mann." Für das folgende Spiel war guter Rat teuer. Mir fiel Psalm 50 ein: „Rufe mich an in der Not, so will ich dich erretten, und du sollst mich preisen." Ich sagte zu Jean-Marie: „Wir dürfen Gott auf die Probe stellen und ihm unsere Ängste bekennen." Im Hexenkessel des ausverkauften Weser-Stadions beherzigte Jean-Marie die empfohlene Glaubensstrategie, ließ sich von Buhrufen nicht irritieren und legte seine Angst bei Gott ab. Der Bayern-Torhüter blieb wunderbar gelassen, hielt alle Bälle und entnervte zum Schluss den Bremer Michael Kutzop mit seiner stoischen Ruhe so sehr, dass der Stürmer in letzter Minute einen Elfmeter zum greifbaren Sieg verschoss. Das Spiel endete 0:0. Zwei Wochen später wurde Bayern München Deutscher Meister und Jean-Marie als Matchwinner stürmisch gefeiert.

Noch so ein Heiliger

Wynton Rufer wuchs in einem protestantischen Elternhaus auf und hörte in der Sonntagsschule Geschichten aus der Bibel, provozierte aber ständig seinen Lehrer mit seinem damaligen Lebensspruch: „Meine Religion ist Fußball, und mein Gott heißt Pele." Beim Schweizer Militär aber entdeckte der gebürtige Neuseeländer nach einem Gespräch mit einem Heilsarmisten den christlichen Glauben doch noch für sich, sodass sein späterer Trainer beim SV Werder Bremen, Otto Rehagel, Rufers Mannschaftskollegen Rune Bratseth antippte und sagte: „Rune, da kommt noch so ein Heiliger wie du."

Wynton Rufer 2016 mit Fanschal im Weser-Stadion, Bremen beim Spiel Werder Bremen vs. VfB Stuttgart.

Südkoreas ballführender Stürmer Bum-kun Cha (M.) während der WM 1986 in Mexiko mit seinen italienischen Gegenspielern Antonio di Gennaro (l.) und Pietro Vierchowod (r.).

Wundersam geheilt

Nach starken Kniebeschwerden erhielt der Südkoreaner Bum-kun Cha 1977 die erschütternde ärztliche Diagnose: „Wahrscheinlich müssen Sie Ihre Fußballkarriere beenden." Seine Frau betete beständig für seine Gesundheit. Seine Fans überschütteten ihn mit Trostbriefen und guten Ratschlägen. Aber die Schmerzen wurden immer schlimmer und die Ärzte waren hilflos. Dann geschah ein Wunder, das für Cha bis heute unbegreiflich ist. Nach einer intensiven Glaubenserfahrung verabredete er sich mit Pastor Lee Chun Sok. Unter dem Gebet des Pastors im Namen Jesu passierte das unerklärliche Wunder: „Eine heilende Kraft erfasste mein krankes Knie. Ich war so überwältigt von Glück und Freude, dass ich weinte, nicht wegen des geheilten Beines, sondern weil ich Gottes Gegenwart erleben durfte. Der Schmerz war gänzlich verschwunden. Ich konnte mein Knie beugen, ausstrecken und mühelos laufen. Was immer ich auch mit dem Knie tat, es war vollständig geheilt. Dies war das schönste Weihnachtsgeschenk, das ich je bekomme habe."

Durch Glaube überall zu Hause

Einst entdeckte der sozialistisch erzogene Fußballprofi in seiner Umkleidekabine ein Neues Testament im Taschenformat vom Gideon-Bibelbund. „Im Trainingslager in Griechenland habe ich das komplette Neue Testament durchgelesen." Müller hatte dafür extra auf ein Einzelzimmer bestanden. Verblüfft wollte ich wissen, was dabei herausgekommen war. Müller sagte: „Ich stand vor der quälenden Frage: Wie kann ein Mensch Karfreitag gekreuzigt werden und Ostersonntag wieder auferstehen?" Er schloss sich daraufhin in Dresden einem Bibelkreis von „Sportler ruft Sportler" an, wo er auch Oliver Pagé traf. Der Bibelkreisleiter Werner Chmell wurde sein Seelsorger. Heute fühlt er sich in der katholischen Kirche auch zu Hause: Überall wo er hinkomme, ob in Spanien, Rumänien, Bulgarien oder Litauen, finde er geöffnete katholische Kirchen und nehme – wenn es seine Zeit erlaubt – an der heiligen Messe teil. „Letztlich bin ich überall zu Hause, wo das urchristliche Bekenntnis im Mittelpunkt steht: Der Glaube an Jesus Christus, den Gekreuzigten und Auferstandenen, der auch mein Erlöser ist."

1987: Einzug des 1. FC Lok Leipzig ins Endspiel des Fußball-Europapokals der Pokalsieger. Lok-Torhüter René Müller (l.) lässt nach zwei selbst passierten Elfmetern dem Bordeaux-Torhüter (r.) keine Chance. Leipzig gewinnt vor 73.000 Zuschauern im heimischen Zentralstadion.

Bibliografische Information der Deutschen Nationalbibliothek
Die Deutsche Nationalbibliothek verzeichnet diese Publikation in der
Deutschen Nationalbibliografie; detaillierte bibliografische Daten
sind im Internet über http://dnb.d-nb.de abrufbar.

Texte

Günther Klempnauer, Keiner kommt an Gott vorbei. Fußball-Legenden über
Glaube. Liebe. Hoffnung. St. Benno Verlag 2018

Bilder

Umschlag Vorderseite (im Uhrzeigersinn): © picture alliance / dpa (B. Vogts),
© picture alliance / Fotostand (H. Herrlich), © picture alliance / dpa (W. Overath),
© picture alliance / HJS-Sportfotos (O. Hitzfeld), © picture alliance / dpa (U.
Seeler), Rückseite: © picture alliance / augenklick (Jorginho), © picture alliance
/ dpa (J.-M. Pfaff), © picture alliance / dpa (F. Walter); Spielfeld-Grafik: © antpkr/
Shutterstock; Seite 4: privat; O. Hitzfeld: Seite 2: © picture alliance/Pressefoto
Baumann, 14–15: © picture alliance / dpa; B. Vogts: Seite 2: © picture alliance /
dpa, 20–21: © picture alliance / dpa; J.-M. Pfaff: Seite 3: © picture alliance / dpa,
22–23: © picture-alliance / Sven Simon; W. Rufer: Seite 32: © picture alliance /
dpa, 24–25: © picture alliance / nordphoto; B.-k. Cha: Seite 32: © picture-alliance
/ Sven Simon, 26–27: © picture alliance / dpa; R. Müller: Seite 32: © picture alliance / dpa, 28–29: © picture alliance / dpa; F. Walter: Seite 3: © picture alliance /
dpa, 8–9: © picture alliance / dpa; U. Seeler: Seite 2: © picture alliance / empics,
12–13: © picture alliance / dpa, H. Herrlich: Seite 2: © picture alliance / HJS-Sportfotos, 10–11: picture alliance / Sven Simon; Jorginho: Seite 3: © picture alliance /
HJS-Sportfotos, 16–17: © picture alliance/augenklick; W. Overath: Seite 3: © picture alliance / dpa, 18–19: © picture alliance / dpa

Besuchen Sie uns im Internet:
www.st-benno.de

Gern informieren wir Sie unverbindlich und aktuell auch in unserem
Newsletter zum Verlagsprogramm, zu Neuerscheinungen und Aktionen.
Einfach anmelden unter www.st-benno.de

ISBN 978-3-7462-5174-5

© St. Benno Verlag GmbH, Leipzig
Umschlaggestaltung: Rungwerth Design, Düsseldorf
Gesamtherstellung: Arnold & Domnick, Leipzig (A)